This book belongs to:

_____

W9-BRZ-294

This story is based on a true incident, which was
told to me by DeWitt and Patsy Reed.

*Este cuento está basado en un acontecimiento verdadero,
que DeWitt y Patsy Reed me contaron.*

Carlos and the Skunk

Carlos y el zorrillo

Story by/Cuento por
Jan Romero Stevens

Illustrated by/Ilustrado por
Jeanne Arnold

rising moon
Books for Young Readers from Northland Publishing

Carlos could not remember how long he and Gloria had been
best friends.

   When they were little, Gloria's mother would prop them up on old
catalogs at the kitchen table while she strung red chiles together or
rolled the dough for tortillas. If they were at Carlos's house, his mother
would let them play in the garden while she sorted through the shiny
green chiles, ripe red tomatoes, and sweet corn.

*Carlos no podía acordarse cuánto tiempo hacía que él y Gloria
eran mejores amigos.*

   *Cuando eran niños, la mamá de Gloria tenía que sentarlos a
la mesa sobre catálogos viejos para que pudieran alcanzar a verla
mientras ensartaba los chiles rojos o hacía bolitas de masa para
hacer tortillas. Si estaban en la casa de Carlos, su mamá los dejaba
jugar en el jardín mientras ella separaba los brillosos chiles verdes,
los rojos tomates maduros, y los dulces elotes.*

It seemed as if Carlos and Gloria were always together, but as they grew older, Carlos's feelings toward his friend started to change. He began gazing at himself in the mirror, combing his hair this way and that to see which looked better. He started showing off for Gloria, wanting her to notice how brave and smart he was becoming.

Carlos and Gloria lived in the fertile Española Valley nestled in the mountains of northern New Mexico. Their thick-walled adobe homes, with high tin roofs and matching gardens, were within walking distance from one another.

Parecía que Carlos y Gloria siempre estaban juntos, pero con el pasar de los años los sentimientos de Carlos hacia su amiga empezaron a cambiar. Comenzó a contemplarse en el espejo, peinándose de esta manera y de ésa para ver cómo se veía mejor. Empezó a lucirse ante Gloria, queriendo que ella se fijara en lo valiente e inteligente que se estaba haciendo.

Carlos y Gloria vivían en el fértil valle de Española que se acurrucaba en las montañas del norte de Nuevo México. Sus casas de gruesas paredes de adobe, con sus altos techos de hojalata y sus jardines idénticos, estaban a poca distancia la una de la otra.

After school each day, Gloria and Carlos did their chores—weeding the garden, feeding the chickens, and doing their homework. After dinner, they were allowed to play.

One fall evening, when they were running through the cornfield playing hide and seek, they caught a glimpse of a striped skunk slinking through the shadows of the garden. The children had seen the skunk many times before. It had only two toes on its right front paw, and they had nicknamed it Dos Dedos (Two Toes).

Todos los días cuando regresaban de la escuela, Carlos y Gloria hacían sus quehaceres. Deshierbaban el jardín, les daban de comer a las gallinas y hacían su tarea. Después de cenar tenían permiso para jugar.

Un anochecer en el otoño, cuando estaban corriendo por la milpa de maíz jugando a las escondidillas, entrevieron un zorrillo rayado escabullirse por las sombras del jardín. Los niños habían visto al zorrillo muchas veces. Tenía sólo dos dedos en la pata derecha y lo habían apodado Dos Dedos.

Gloria feared the chance of arousing the skunk's anger and kept far away from it. But one afternoon, Carlos, wanting to impress Gloria, moved closer and closer until he could clearly see the narrow, single white stripe running from its head onto its tail.

"Carlos, you'd better be careful," whispered Gloria as Carlos inched along on his stomach toward the skunk.

"Gloria, don't worry. I know just how to catch a skunk," Carlos boasted. "You know what I heard? If you pick a skunk up by its tail, it can't spray you."

Gloria covered her mouth and giggled.

"Oh, Carlos," she said. *"No puedes creer todo lo que te dicen*—you can't believe everything you hear."

"But it's true," Carlos insisted to his doubting friend, and he became more determined than ever to prove himself right. He went to sleep that night still pondering over how to catch the skunk.

Gloria tenía miedo de hacer enojar al zorrillo y nunca se le acercaba. Pero una tarde, Carlos, queriendo impresionar a Gloria, se le acercó más y más hasta poder ver claramente la angosta raya blanca que le corría de la cabeza a la punta de cola.

—Carlos, ten cuidado, —murmuró Gloria mientras Carlos se acercaba poquito a poco al zorrillo.

—Gloria, no te preocupes. Yo sé como prender un zorrillo, —Carlos le dijo con alarde—. ¿Sabes lo que oí? Si agarras un zorrillo por la cola no te puede rociar.

Gloria se tapó la boca y se rió.

—Ay Carlos, —le respondió—. No puedes creer todo lo que te dicen.

—Pero es cierto, —Carlos le insistió a su dudosa amiga, llenándose así de más determinación que antes para demostrarle que tenía razón. Se durmió esa noche reflexionando en cómo iba a prender al zorrillo.

The next day, Carlos had planned to take Gloria fishing so he awoke early and got dressed. His mother prepared warm flour tortillas, fried eggs, and fresh salsa for breakfast. Salsa was a family tradition in Carlos's home. Made from tomatoes and green chiles grown in the garden, the salsa was spicy and tasty. Carlos spooned it on just about everything—from breakfast to dinner.

After breakfast, Carlos rushed outside to get his fishing pole and a can for worms. Rounding the corner of his house, he saw Gloria waiting for him by the gate. As they began walking down the road together, they saw Dos Dedos in the garden.

Para el día siguiente, Carlos había pensado llevar a Gloria a pescar así que se levantó temprano y se vistió. Su mamá preparaba tortillas de harina calientitas, huevos estrellados y salsa fresca para el desayuno. La salsa era una tradición familiar en la casa de Carlos. Hecha de tomates y chiles verdes de su propio jardín, la salsa era picosa y sabrosa. Carlos se la ponía a casi todo—desde el desayuno hasta la cena.

Después de desayunar, Carlos corrió afuera para tomar su caña de pescar y un bote de gusanos. Al dar la vuelta a la casa, vio que Gloria lo esperaba junto a la reja. Cuando empezaron a caminar por la vereda vieron a Dos Dedos en el jardín.

Qué suerte! (What luck!) thought Carlos. "I will catch Dos Dedos this time!"

Carlos gave no thought to what he might do with the skunk if he did catch it, but instead began creeping up behind it. He got closer and closer until he was inches away. For just a moment, Carlos hesitated, then winked at Gloria before he reached out and grabbed the tail. In an instant, the skunk's tail arched, and Carlos was sprayed from head to toe.

With a gasp, Carlos fell backward onto the ground. He was so stunned he hardly realized what had happened. He had never smelled such a strong odor. His eyes itched. He coughed and snorted and blew his nose. He did his best not to cry in front of Gloria.

Quite unconcerned, Dos Dedos disappeared down the side of an arroyo. And Carlos ran off to the river—leaving both Gloria and his fishing pole far behind.

¡Qué suerte! pensó Carlos. —¡Esta vez voy a agarrar a Dos Dedos!

Carlos nunca pensó en lo que haría con el zorrillo si en verdad lo agarraba, sino que empezó a acercársele sigilosamente por detrás. Se acerco más y más hasta que estaba a unas pulgadas de él. Por sólo un instante, Carlos vaciló, entonces le guiñó a Gloria antes de estirar el brazo y agarrarle la cola al zorrillo. En un instante, el zorrillo arqueó la cola y roció a Carlos de pies a cabeza.

Con un jadeo, Carlos se fue de espaldas y cayó sobre la tierra. Estaba tan asombrado que casi no comprendía lo que había pasado. Nunca había olido algo tan fuerte. Tenía comezón en los ojos, tosía, bufaba y se sonaba la nariz. Hizo un esfuerzo para no llorar enfrente de Gloria.

Indiferente, Dos Dedos desapareció por la orilla de un arroyo y Carlos corrió hacia el río—dejando a Gloria y a la caña de pescar en la distancia.

Carlos chose a secluded spot and pulled off all his clothes as fast as he could. The smell of them was unbearable. He jumped into the stream and washed out his clothing, laying it out on a branch to dry in the sun. By afternoon his shirt and pants were dry, but the strong odor still lingered, especially on his shoes. He dressed and walked the long way home, climbing up and down the sides of the arroyos and stopping to gather piñon nuts. When he finally reached his house, he carefully took off his shoes and left them by the back door.

Carlos escogió un lugar apartado y se quitó la ropa lo más rápido posible. El olor era insoportable. Se echó al río y lavó la ropa, entonces la colgó en una rama para que el sol la secara. En la tarde la ropa se había secado pero el fuerte olor todavía persistía, especialmente en los zapatos. Se vistió y tomó el camino más largo para llegar a casa, subiendo y bajando por las orillas de los arroyos recogiendo piñones. Cuando por fin llegó a casa, se quitó los zapatos cuidadosamente y los dejó al lado de la puerta de atrás.

When his mother came into the kitchen, she noticed a strange smell, but before she could question Carlos, he slipped out the door and into the garden.

Carlos had heard that tomato juice helped to get rid of the smell of skunk, so he picked every ripe tomato he could find and sneaked into the bathroom. He squeezed the tomatoes into the bathtub and all over his hair, scrubbing himself as hard as he could with a washrag.

Beginning to think he smelled better, he crawled into bed and fell asleep quickly after his very unpleasant day.

Cuando su mamá entró a la cocina, se dio cuenta de un extraño olor, pero antes de que le preguntara nada, Carlos se escabulló por la puerta al jardín.

Carlos había oído que el jugo de tomate ayudaba a quitar el olor de zorrillo, así que recogió todos los tomates maduros que pudo encontrar y se metió al baño sin que nadie se diera cuenta. Exprimió los tomates en la tina y se los untó por todo el cabello, restregándose con una toallita lo más fuerte posible.

Creyendo que olía mejor, se metió a la cama y pronto se quedó dormido después de ese día tan desagradable.

The next morning was Sunday, and Mamá was up early, patting and shaping the dough for tortillas.

Dressed in his best shirt and pants, Carlos sat down at the table.

"Carlos, you look very nice for church this morning," said Mamá as she untied her flowered apron. "Where are your shoes?"

"They're outside, Mamá. I will get them when we leave," said Carlos, feeling uneasy.

El día siguiente era domingo, Mamá se había levantado temprano y estaba formando las tortillas entre las manos.

Carlos se había puesto su mejor par de pantalones y su mejor camisa antes de sentarse a la mesa.

—Carlos te ves muy bien para ir a misa esta mañana, —le dijo su mamá mientras se quitaba el mandil de florecitas—. ¿Dónde están tus zapatos?

—Están afuera, Mamá. Voy por ellos cuando nos vayamos, —le dijo Carlos, sintiéndose un poco incómodo.

Carlos's family walked to the church near their home. When they arrived, they squeezed into a bench near the back. Carlos was pleased that he was able to sit next to Gloria.

But a most peculiar thing happened in church that day.

As the choir began a hymn, some of the singers began to make strange faces and cover their noses with handkerchiefs. The priest, as he walked to the altar, sneezed loudly and cleared his throat.

The people in the first few rows of the congregation turned to each other with puzzled looks. The women began vigorously fanning their faces with their church programs. The children started squirming and pinched their noses. Little by little the strange behavior began working its way toward the back of the church.

La familia de Carlos caminó a la iglesia que estaba cerca su casa. Cuando llegaron se sentaron en una de las últimas bancas. Carlos estaba contento de poder sentarse al lado de Gloria.

Pero algo muy curioso ocurrió en la iglesia ese día.

Cuando el coro empezó a cantar, algunos de los cantantes empezaron a hacer gestos y a cubrirse la nariz con sus pañuelos. El Padre, mientras caminaba al altar, estornudó varias veces y se aclaró la garganta.

Las personas en las primeras filas se miraron desconcertadas. Las mujeres se empezaron a abanicar las caras vigorosamente con los programas religiosos. Los niños comenzaron a retorcerse y a taparse la nariz. Poco a poco este extraño comportamiento fue contagiando a la gente que estaba sentada al fondo de la iglesia.

Carlos couldn't figure out what was going on until he looked down at his feet. He was sitting next to an air vent for the church's heating system. The smell from his shoes, which he had forgotten to clean after being sprayed by Dos Dedos, was spreading through the heating ducts to the entire church.

"Papá, I think we better go home," whispered Carlos, hoping no one would realize he was the source of the terrible smell.

Several families began heading for the door. The priest dismissed the service early.

Embarrassed, Carlos pushed his way out of the church. He heard Gloria calling to him, but he bolted through the door, and ran all the way home. He untied his shoes, pulled them off, and left them on the back doorstep. Then he hurried to his room and shut the door.

Carlos no podía entender lo que estaba pasando hasta que se vio los zapatos. Estaba sentado junto a un escape de aire del sistema de calefacción de la iglesia. El olor de sus zapatos, los cuales se le había olvidado limpiar después de que Dos Dedos lo había rociado, se estaba filtrando por los escapes de aire por toda la iglesia.

—Papá, creo que debemos irnos a casa, —murmuró Carlos, esperando que nadie se diera cuenta que él era el responsable por el horrible olor.

Algunas familias empezaron a caminar hacia la puerta. El Padre les dio permiso para que se retiraran antes de terminar la misa.

Avergonzado, Carlos se abrió paso y se salió de la iglesia. Oyó que Gloria lo llamaba, pero huyó por la puerta y se fue corriendo a casa. Se desamarró los zapatos, se los quitó, y los dejó en el escalón de la puerta de atrás. Entonces se apresuró a su habitación y cerró la puerta.

Troubled over how he might rid himself of the strong-smelling shoes, Carlos stayed in his bedroom until his mother called him for dinner. While they were eating, his parents noticed he was unusually quiet but said nothing to him.

Finally, when dinner was over, Papá turned to Carlos.

"Carlos, I've noticed your shoes are looking a little small," said Papá, with a glance toward Mamá. "Isn't it time for a new pair?"

Carlos nodded, breathing a sigh of relief.

"Oh, *sí, sí*, Papá," he stammered. "My feet are getting too big for those shoes now."

Carlos estaba preocupado porque no sabía cómo iba a deshacerse de los apestosos zapatos, así que se quedó en su cuarto hasta que su mamá lo llamó a cenar. Mientras comían, sus papás se dieron cuenta que estaba muy callado pero no le dijeron nada.

Por fin, cuando habían terminado de comer, Papá se dirigió a Carlos.

—Carlos, me he dado cuenta que los zapatos te quedan apretados, —le dijo, echándole una mirada a Mamá—. Creo que es hora de comprarte un par nuevo.

Carlos asintió con la cabeza dondo un suspiro de alivio. —Oh, sí, sí, Papá, —tartamudeó—. Los pies se me están haciendo demasiado grandes para esos zapatos.

The next day, Carlos and Papá drove to town. After trying on several pairs of shoes, Carlos chose a pair of heeled cowboy boots that made him appear much taller.

A few weeks passed and Carlos forgot about his encounter with the skunk. One evening, after a big dinner of pinto beans, rice, tortillas, and his favorite salsa, he decided to visit Gloria. He put on his new boots and took a good look at his hair in the mirror. As he was getting ready to leave, his father called him outside.

"I need your help," said Papá, and he pointed beneath the bushes alongside the house.

Carlos could just make out the shape of a small, black-and-white animal with three little ones that had made their home under the leaves.

Al día siguiente, Carlos y Papá fueron al centro. Después de probarse varios pares de zapatos, Carlos escogió un par de botas vaqueras de tacón que lo hacían verse más alto.

Pasaron varias semanas y a Carlos se le olvidó el incidente con el zorrillo. Un anochecer, después de una gran comida de frijoles, arroz, tortillas y su favorita salsa, decidió ir a visitar a Gloria. Se puso sus botas nuevas y se vio detenidamente el cabello en el espejo. Cuando estaba listo para salir, su papá lo llamó afuera.

—Necesito tu ayuda, —le dijo Papá, y señaló hacia unos arbustos al lado de la casa.

Carlos apenas podía divisar la forma de un pequeño animal negro y blanco con tres pequeñitos que habían hecho su hogar debajo de las hojas.

"Dios mio!" ("Oh my goodness!") said Carlos. "What will we do?"

"It's no problem, Carlos," said Papá. "You know what I hear? You can catch a skunk if you pick it up by its tail. You go first."

Carlos's nose and eyes began to water just with the thought of it.

"Oh, Papá, *no puedes creer todo lo que te dicen*—you know you can't believe everything you hear," Carlos said, and he drew himself up a little taller, smoothed back his hair, and headed for Gloria's house.

—Dios mío, —dijo Carlos—. ¿Qué vamos a hacer?

—No tengas cuidado, Carlos, —le respondió Papá—, ¿sabes lo que me dicen? Puedes prender a un zorrillo si lo agarras de la cola. Te toca intentarlo primero.

La nariz y los ojos de Carlos le empezaron a llorar nada más de pensarlo.

—Ay, Papá, no puedes creer todo lo que te dicen, —le dijo Carlos, y se paró un poco más derecho, se pasó la mano por el cabello y se fue rumbo a la casa de Gloria.

FRESH TOMATO SALSA

3 tomatoes, diced
1/4 white or yellow onion, diced
2 - 3 scallions with green tops,
    chopped
1 medium clove garlic, minced
2 teaspoons vinegar
1 teaspoon vegetable or olive oil
3 - 4 sprigs of cilantro, chopped
1 roasted green chile or
    2 serrano chiles, diced
    (or 2 tablespoons canned
    green chile)
1 teaspoon salt
1/4 teaspoon pepper

Mix all ingredients in a food
processor, leaving salsa chunky,
or stir by hand. Chill. Spoon over
anything—eggs, beans, tacos—or
use as a dip for tortilla chips.

SALSA DE TOMATE FRESCA

3 tomates, picados
1/4 de cebolla blanca o amarilla,
    picada
2 - 3 cebollinos con el tallo, picado
1 diente de ajo, picado
2 cucharaditas de vinagre
1 cucharadita de aceite vegetal
    o de oliva
3 - 4 ramitos de cilantro
1 chile verde asado o 2 chiles
    serranos picados
    (o 2 cucharadas de chile
    verde enlatado)
1 cucharadita de sal
1/4 de cucharadita de pimienta

Se mezclan todos los ingredientes
en una licuadora o en un procesador
de comida hasta que quede la salsa
en trocitos o se mezcla todo a mano.
Se enfría. Se pone sobre cualquier
comida—huevos, frijoles, tacos—o
se sirve como salsa para las tostaditas
de maíz.

About the author/*Sobre la autora*

JAN ROMERO STEVENS was born in Las Vegas, New Mexico, and has lived all her life in New Mexico and Arizona. She has always been entranced by the culture, history, food, and people of the Southwest. Now living in Flagstaff, Arizona, with her husband, Fred, and two sons, Jacob and Paul, Jan is exploring her Hispanic heritage by studying Spanish with her children. She frequently visits family in northern New Mexico. The response of children throughout Arizona to her English and Spanish readings of her first children's book, *Carlos and the Squash Plant*, inspired Jan to continue with the *Carlos* series. In addition to writing for children, Jan has written for newspapers and magazines for eighteen years.

JAN ROMERO STEVENS nació en Las Vegas, Nuevo México y ha vivido en Nuevo México y Arizona. Siempre le ha encantado la cultura, historia, comida y la gente suroeste. Ahora vive en la ciudad de Flagstaff, Arizona con su esposo y sus dos hijos. Jan ha estado averiguando su herencia hispana y estudia español con sus hijos a quienes les encanta un buen cuento y esto le ha dado el estímulo para completar este cuento. Frecuentemente visita a su familia en el norte de Nuevo México. La reacción de los niños de Arizona a su primer cuento de niños en inglés y español, "Carlos y la planta de calabacita", la ha inspirado a continuar con la serie de "Carlos". Además de escribir cuentos para niños, Jan ha escrito artículos para periódicos y revistas por diez y ocho años.

About the illustrator/*Sobre la ilustradora*

JEANNE ARNOLD is a freelance illustrator and painter who lives with her husband in Salt Lake City, Utah, where she enjoys gardening, hiking, and skiing in the nearby mountains, and backpacking in the Southwest desert. She previously illustrated *When You Were Just a Little Girl*, by B.G. Hennessy (Viking), in addition to *Carlos and the Squash Plant* and *Carlos and the Cornfield*. She turned to Mexican painters such as Diego Rivera, Latin American folk artists, and Taos painters for inspiration in capturing the regional and Hispanic flavor of the *Carlos* books.

JEANNE ARNOLD es una ilustradora independiente y diseñadora, vive con su esposo en Salt Lake City, Utah. Sus pasatiempos favoritos son ir a caminar, esquiar en las montañas cercanas, la jardinería, y hacer excursiones al desierto del suroeste. Previamente ilustró "When You Were Just a Little Girl", por B.G. Hennessy (Viking), además de "Carlos y la milpa de maíz" y "Carlos y la planta de calabaza". Jeanne ha sido inspirada por los pintores mexicanos como Diego Rivera, artistas latinos que tienen fuentes populares, y los pintores de Taos, Nuevo México. Esta inspiración le ha dado a los libros de "Carlos" una distintiva cualidad regional e hispana.

EDITOR'S NOTE:

We realize that variations in the Spanish language reflect the country, or region, in which it is spoken. Because Northland's bilingual books feature the region of the American Southwest, we have chosen to use Spanish translators and editors who are most familiar with the Spanish spoken here. Patricia Hinton Davison was born in Monterrey, Mexico, and completed her studies at the University of the Americas in Cholula, Puebla, Mexico. She is a professor at Northern Arizona University in Flagstaff. The *Carlos* books take place in La Española Valley in northern New Mexico, and our staff has worked diligently on a translation authentic to that area. If you find inaccuracies, please write to: Editor, Northland Publishing, P.O. Box 1389, Flagstaff, AZ 86002-1389.

The illustrations were rendered in oil paints on gessoed Lan Aquralla watercolor paper
The text type was set in Matrix Book/Berkely Book Italic
The display type was set in Matrix
Composed in the United States of America
Designed by Rudy J. Ramos
Edited by Stephanie Bucholz
Spanish translation by Patricia Davison
Spanish edited by Isa Ponce and Pedro M. Escamilla
Production Supervised by Lisa Brownfield

Printed in Hong Kong by South Sea International Press Ltd.

FIRST IMPRESSION, March 1997
Second Printing, November 1998
ISBN 0-87358-591-7

Library of Congress Catalog Card Number 96-43677
Stevens, Jan Romero.
Carlos and the skunk / story by Jan Romero Stevens ; illustrated by Jeanne Arnold ; [translated by Patricia Hinton Davison] = Carlos y el zorrillo / cuento por Jan Romero Stevens ; ilustrado por Jeanne Arnold.
p. cm.
Summary: When Carlos tries to show off for his friend Gloria by catching a skunk, he gets more than he bargained for.
ISBN 0-87358-591-7 (hc)
[1. Skunks—Fiction. 2. Farm life—New Mexico—Fiction. 3. New Mexico—Fiction. 4. Spanish language materials—Bilingual.] I. Arnold, Jeanne, ill. II. Davison, Patricia Hinton. III. Title.
PZ73.S7575 1997
[E]—dc20   96-43677